BEI GRIN MACHT SICH IHR WISSEN BEZAHLT

Prokrastination - Ursachen, Folgen und Bewältigungsstrategien

Psychologische und soziale Bedeutung von Arbeit, Storytelling in Präsentationen

Monika Miller

Bibliografische Information der Deutschen Nationalbibliothek:

Die Deutsche Nationalbibliothek verzeichnet diese Publikation in der Deutschen Nationalbibliografie; detaillierte bibliografische Daten sind im Internet über http://dnb.d-nb.de abrufbar.

ISBN: 9783346596000
Dieses Buch ist auch als E-Book erhältlich.

Druck und Bindung: Books on Demand GmbH, Norderstedt Germany
Gedruckt auf säurefreiem Papier aus verantwortungsvollen Quellen

Das vorliegende Werk wurde sorgfältig erarbeitet. Dennoch übernehmen Autoren und Verlag für die Richtigkeit von Angaben, Hinweisen, Links und Ratschlägen sowie eventuelle Druckfehler keine Haftung.

Das Buch bei GRIN: https://www.grin.com/document/1175755

Einsendeaufgaben

Alternative B

Abgegeben am: 06.12.2021

SRH Fernhochschule

Modul: Selbstmanagement

Von

Monika Miller

Studiengang: Prävention und Gesundheitspsychologie (B.Sc.)

Inhaltsverzeichnis

Abkürzungsverzeichnis 3

1   Aufgabe 1 4

  1.1   Die soziale und psychische Funktion von Arbeit 4

  1.2   Selbstmanagement 6

2   Aufgabe 2 9

  2.1   Storytelling in Präsentationen 9

  2.2   Argumentationsaufbau in Präsentationen 13

3   Aufgabe 3 15

  3.1   Prokrastination - Theoretische Grundlagen und empirische Befunde .. 15

  3.2   Was können Fernstudierende tun, die an „Aufschieberitis" leiden? 20

Literaturverzeichnis 22

Abkürzungsverzeichnis

ADHS	Aufmerksamkeitsdefizit-Hyperaktivitätsstörung
AN	Arbeitnehmer
BWL	Betriebswirtschaftslehre
CO2	Kohlenstoffdioxid
DSM-5	Diagnostic and statistical manual of mental disorders
ICD-10	International statistical classification of deseases and related health problems
TMT	Temporal motivational theory
WWU	Westfälische Wilhelms-Universität
ZRM	Zürcher Ressourcen Modell

1 Aufgabe 1

1.1 Die soziale und psychische Funktion von Arbeit

Wir Menschen verbringen einen Großteil unserer Zeit mit Arbeit, sowohl täglich als auch auf das gesamte Leben gerechnet. Damit ist in diesem Fall die Erwerbsarbeit gemeint, die wir zumeist mit anderen Personen zusammen, also Kollegen, für ein vorher vereinbartes Entgelt in einer Organisation leisten. Arbeit schafft soziale Beziehungen, unter den Kollegen selbst und auch mit Kunden, Patienten und Gästen (Myers & Hoppe-Graff, 2014, S. 786). Durch Arbeit sichert sich der Mensch sein Einkommen und damit seine elementaren Bedürfnisse wie Nahrung, Schutz und Kleidung. Arbeit ist darüber hinaus eine Sinn- und Werterfahrung für den Menschen, die große Befriedigung und sogar Glück ins Leben bringen kann, die aber genauso auch Belastungen beinhalten kann. Durch den Wandel der Zeit birgt Arbeit heutzutage meistens weniger körperliche und deutlich mehr kognitive Herausforderungen, vor allem durch sich ständig weiter entwickelnde Informations-, Automatisierungs- und Kommunikationstechniken, was wiederum neue Herausforderungen an den Arbeitnehmer stellt (Schaper, 2019a, S. 4).

Nach Abraham Maslows weit verbreiteter Motivationstheorie aus dem Jahr 1943 haben alle Menschen dieselben angeborenen Bedürfnisse, die aufeinander aufbauen. Diese ursprünglich allgemeine Motivationstheorie mit der Pyramidenform wird oft auf die Arbeitswelt angewandt: Zunächst müssen die grundlegenden biologischen Bedürfnisse nach Nahrung und Sicherheit erfüllt werden. Das ist der grundlegende Sinn einfacher Lohnarbeit. Wenn das Überleben dadurch gesichert ist, haben Menschen als Nächstes das Bedürfnis nach sozialer Zugehörigkeit. Die Arbeit ermöglicht einen eigenen Platz in sozialen Gefügen, im besten Fall entsteht ein Zugehörigkeitsgefühl, das soziale Sicherheit vermittelt. Der Platz im gesellschaftlichen Leben wird eingenommen, wodurch ein stabiles Selbstwertgefühl erreicht werden kann, was eine wichtige psychologische Funktion von Arbeit darstellt. Die Erfahrung von Achtung und Wertschätzung im Berufsalltag ist ein elementares psychisches Bedürfnis aller

Menschen und zum allgemeinen Wohlbefinden immanent. Werden diese bisher genannten Bedürfnisse erfüllt, Maslow nannte sie Defizitbedürfnisse, so strebt der Mensch nach Selbstverwirklichung als Wachstumsbedürfnis, also nach der Entfaltung der eigenen Talente und Interessen (Myers & Hoppe-Graff, 2014, S. 786–787). Die Maslowsche Theorie ist 78 Jahre nach ihrem Erscheinen in ihrer Popularität ungebrochen und wird Erstsemester-Studenten in vielen Fächern wie Psychologie, Personalmanagement, BWL und Pädagogik unterrichtet. Obwohl sie empirisch oftmals widerlegt wurde, bildet sie die menschliche Natur für die meisten Menschen wiedererkennbar in der Bedürfnispyramide ab (Abulof, 2017). Jahoda (1981) nannte die Befriedigung der elementaren Bedürfnisse nach Schutz und Nahrung die manifeste Funktion der Arbeit und die Befriedigung der psychosozialen Bedürfnisse, die oft unbewusst erheblich zum menschlichen psychischen Wohlbefinden beitragen, die latente Funktion der Arbeit. Er unterschied folgende fünf Arten der latenten Funktion, die hauptsächlich bei Arbeitslosen und Rentnern, auch von anderen Forschern wie Paul und Batinic (2009), untersucht werden konnten:

- Zeitstruktur: Entlastung in der Zeitplanung, da sich der Tag nach der Arbeit richtet und Stabilisierung des Tagesablaufs. Bildung von Routinen
- Soziale Beziehungen außerhalb der Kernfamilie: soziale Interaktionen und Auseinandersetzung mit verschiedenen Lebensentwürfen, neue Eindrücke, Freundschaften, Partnerschaften, Erweiterung des Horizonts
- Sinnerfahrung in der Arbeit: Bestandteil von einem größeren Zweck sein, nützlich sein, seinen Beitrag zum Gelingen einer Unternehmung leisten
- Persönlicher Status: Zugehörigkeit zu einer Organisation, fester Platz im sozialen Gefüge
- Aktivität: Erwerbstätige sind in der Regel insgesamt aktiver als Erwerbslose, auch in der Freizeit

(Blickle, 2019, S. 211–212; Myers & Hoppe-Graff, 2014, S. 789)

1.2 Selbstmanagement

Die Arbeitswelt steckt heute mehr denn je voller Herausforderungen, für die Arbeitnehmer wie auch für die Organisationen. Arbeitsweisen müssen immer wieder überdacht und angepasst, oft auch komplett geändert werden. Neue Informationsverarbeitungs-, Automatisierungs- und Kommunikationstechnologien müssen integriert werden und Change Prozesse, also massive Umstrukturierungen in vielen Unternehmen, sorgen für Verunsicherung und erhöhtes Stressempfinden (Storch, 2018, S. 192). Je nach genauer Fragestellung schätzen sich zwischen zehn und dreißig Prozent aller Arbeitnehmer als „ausgebrannt" und überlastet ein. Vor allem loyale und karriere-orientierte Arbeitnehmer sind betroffen. Durch die Zunahme befristeter und projektbezogener Arbeitsverhältnisse und dem damit verbundenen Wegfall von Sicherheit vermeiden viele Betroffene das Gespräch über ihre Überlastungssituation mit ihren Vorgesetzten aus Angst vor Verlust des Arbeitsplatzes oder vor dem Aus auf der Karriereleiter. Viele schaffen es auch, die frühen Anzeichen von zu viel Stress auszublenden. Erst wenn ein Zusammenbruch erfolgt oder nahe ist, tritt das Ausmaß der Überlastung zu Tage (K. Meyer, 2021, S. 37). Das ist mittlerweile volkswirtschaftlich relevant, allein durch Burnout-Erkrankungen sind 2019 in Deutschland 4,3 Millionen Krankheitstage entstanden (M. Meyer, Wiegand & Schenkel, 2020, S. 430). Laut Meyer gibt es weder in der schulischen noch in der beruflichen Ausbildung eine Grundlage psychologischer Bildung, sodass die Betroffenen oft gar nicht in der Lage sind, ihre psychische Situation einzuschätzen und entsprechend zu reagieren bzw. gegenzusteuern. Arbeitnehmern fehlt also das Rüstzeug, sich selbst bei zu hoher Stressbelastung zu helfen, sich selbst zu führen. Eine gute Selbstführung ist aber die Voraussetzung dafür, ein Team zu führen oder eine Abteilung, also um auf der Karriereleiter hochzusteigen (K. Meyer, 2021, S. 41). Der Arbeitnehmer ist also weitgehend auf sich selbst gestellt, um Strategien für sein Selbstmanagement aufzubauen. Fündig wird er vor allem in der psychologischen Literatur. Dort gibt es verschiedene Ansätze für Selbstmanagementstrategien, die je nach Situation und persönlicher Disposition mit Erfolg einzusetzen sind. Der chronologisch gesehen erste Ansatz in den sechziger Jahren des letzten Jahrhunderts geht auf die behavioristische

Lerntheorie zurück und beinhaltet, mit sich selbst die operante Konditionierung durchzuführen. Durch Selbstbestärkung (Belohnung), Selbstbestrafung und Stimuluskontrolle (Vermeidung von Stimuli, die unerwünschtes Verhalten auslösen) wird ein unerwünschtes Verhalten wie z.b. Prokrastination abgestellt. Es wird empfohlen, sich bei erfolgreicher Arbeit selbst zu belohnen, z.B. mit einem Kinobesuch. Wurde die Prokrastination nicht überwunden, soll eine Selbstbestrafung durchgeführt werden, beispielsweise ein geplanter Kinoabend abgesagt werden. Als Stimuluskontrolle kann die Ablenkung eliminiert werden, z.B. der Netflix-Account gelöscht oder die Facebook-App entfernt werden. Das setzt umfassende Selbstbeobachtung und Selbstkontrolle voraus, die erst gelernt werden müssen (Graf, 2019b, S. 37–39). Ein weiterer vielversprechender Ansatz setzt die Annahmen aus Alfred Banduras sozial-kognitiver Lerntheorie in Verbindung mit seiner späteren Theorie der Selbstregulation voraus. Die entscheidenden Konstrukte sind dabei die Selbstwirksamkeit ("self-efficacy"), also die subjektive Überzeugung, eine Leistung vollbringen und die eigenen Ziele erreichen zu können und die Erwartung der Handlungsfolgen, die natürlich positiv sein müssen, also beispielsweise eine Beförderung in Aussicht. Wichtig ist hierbei, dass möglichst viele erfolgreiche Erfahrungen gemacht oder auch bei anderen (Kollegen) beobachtet werden können. Belohnung und Bestrafung können dabei unterstützend eingesetzt werden, entscheidend für den Erfolg ist aber allein die kognitive Steuerung der Selbstmanagementhandlungen, wie z.B. ein gutes Zeitmanagement handzuhaben. Auf der Basis dieser Annahmen sind zahlreiche Trainingsmodelle zum Selbstmanagement entstanden (Graf, 2019b, S. 39–42). Auch das Selbstregulations-Modell von Kanfer (2005), das auf der Basis von Banduras Lerntheorien entwickelt wurde, fließt heute in Selbstmanagement-Trainings ein. Kanfer postuliert, dass menschliches Verhalten von drei großen Lebensbereichen abhängt, nämlich von den Umweltfaktoren, den inneren Faktoren wie Kognition und Volition und den biologischen Faktoren wie genetische Disposition und körperliche Besonderheiten. Nur der zweite Bereich ist für uns beeinflussbar, darauf muss das Training fußen. Darum sind die entscheidenden Kompetenzen im Selbstmanagement das Setzen von Zielen, die Selbstregulationsfähigkeiten (Selbstbeobachtung, Selbstbewertung und Selbstkonsequenz), das Bestehen von Herausforderungen, das Treffen von Entscheidungen sowie das Bewältigen von Stress-Situationen (Saborowski & Muellerbuchhof, 2010, S. 84). Ein besonders elaboriertes Selbstmanagementmodell ist das Zürcher Ressourcen Modell (ZRM). Das ZRM ist konzipiert als eigenständiges, markengeschütztes Gruppentraining, das ständig nach den neuesten motivationspsychologischen und neurowissenschaftlichen Erkenntnissen angepasst und evaluiert wird. Ursprünglich 1990 an der Universität Zürich als Training gegen Burnout-Erkrankungen bei Lehrkräften von Dr. Maja Storch und Dr. Frank Krause entwickelt, unterstützt es die Teilnehmer dabei, ihre eigenen Ziele und Motivationen zu entdecken und zu verstehen. Dafür wird die Fähigkeit geschult, die dafür notwendigen, eigenen Ressourcen zu aktivieren (Graf, 2019b, S. 46–50).

Seit den frühen neunziger Jahren finden in vielen Unternehmen Stressmanagementtrainings statt, deren positive Wirkung auf die psychische Gesundheit empirisch gut belegt ist. Diese Trainings basieren meist auf einer Kombination von Verhaltens- und Kognitionsveränderung, wie z.B. das Stressimpfungstraining von Meichenbaum (1991), das in drei Phasen gegliedert ist: 1. Informationsphase, die Hintergrundwissen über die Methode an sich und psychologische und physiologische Vorgänge im Körper bei Stressbelastung vermittelt. 2. Lern- und Übungsphase, die erfolgreiche Frühwarn-, Bewältigungs- und Entspannungsstrategien vorstellt und 3. Anwendungs- und Posttrainingsphase, in der diese Strategien in Übungssituationen und Rollenspielen eingeübt werden (Schaper, 2019b, S. 593).

Die Notwendigkeit eines umfassenden Selbstmanagements, das befähigt, alle Lebensbereiche untereinander auszubalancieren („Work-Life-Balance") und damit leistungsfähig und gesund zu bleiben, sollte stärker in den Organisationen beachtet und gefördert werden. Eine Umfrage von Hays im Jahr 2018 unter Entscheidern in deutschsprachigen Unternehmen hat ergeben, dass 29% die Selbstmanagementkompetenz ihrer AN für notwendig zum Erhalt der Beschäftigungsfähigkeit erachten (Hays, 2019). Hierzu können organisationale Rahmenbedingungen geschaffen werden, die ein produktives Umfeld genau wie Platz für Fehler, Ausprobieren, Gesundheitsförderung und Eigenständigkeit der Arbeitnehmer fördern. Am Ende jeden Arbeitsprozesses soll der Erfolg stehen, der die Mitarbeiter motiviert. Vorhandene Belastungsfaktoren innerhalb der einzelnen Organisationen müssen identifiziert und soweit möglich beseitigt werden, vorhandene organisationale Ressourcen unbedingt gestärkt und ausgebaut werden (Graf, 2019a, S. 3–4).

2 Aufgabe 2

Präsentationen begleiten uns von der Schulzeit an. Es geht dabei um die Vermittlung von Informationen: ZDF – Zahlen, Daten, Fakten. Möglichst viele davon sollen den Zuhörern vermittelt werden und vor allem auch im Gedächtnis bleiben. Ob das gelingt, ob die „Message" ankommt, hängt stark von der Gestaltung der Präsentation ab. Der Zuhörer muss im Mittelpunkt stehen. Im besten Fall erinnert er sich noch lange danach an die begeisternde, professionelle Präsentation. Wie können wir das erreichen? Das Handwerkszeug dazu kann erlernt und eingeübt werden, und mit Persönlichkeit, eigener Begeisterung und Kreativität gewürzt die Zuhörer begeistern. Dann erinnern sie sich später auch noch gut an die vermittelten Zahlen, Daten und Fakten. (Preußners, 2021, S. 73–74). Die Präsentationstechniken reichen von der akribischen Vorbereitung und der Entscheidung über den Medieneinsatz, über die Präsentationssoftware bis hin zum Einsatz von Storytelling und Argumentationstechnik. Die beiden letzteren betrachten wir in dieser Arbeit genauer.

2.1 Storytelling in Präsentationen

Geschichten üben von jeher eine starke Faszination auf Menschen aus. Früher waren sie sowohl zur Unterhaltung an langen Abenden am Lagerfeuer als auch zur Weitergabe von wichtigen Informationen und Warnungen überlebenswichtig. Heutzutage wird die Technik des Geschichtenerzählens, mit deren Hilfe bestimmte Inhalte und Informationen an die Zuhörer vermittelt werden, „Storytelling" genannt. Die durch diese Geschichten vermittelten Botschaften bleiben nachweislich länger im Gedächtnis als rein rational übermittelte Informationen, da sie auf unterbewussten Ebenen wirken (Schach, 2017, S. 5).

Nach der Systematisierung des Neurowissenschaftlers Gerhard Roth gibt es vier Persönlichkeitsebenen, die in bestimmten Arealen im menschlichen Gehirn bei Ansprache aktiviert werden(Roth, 2021, S. 49–52). Schulenburg hat diese auf drei Ebenen zusammengefasst:

1. die untere limbische vegetativ-affektive Ebene, die für unsere überlebenswichtigen Funktionen wie Atmen, Stoffwechsel aber auch für unser Sicherheitsgefühl zuständig ist
2. die ebenfalls limbische emotional-motivatorische Ebene, zu der auch die Amygdala gehört, die unsere Emotionen steuert und emotionserzeugende Zusammenhänge abspeichert. Auch Lust und Unlust werden auf dieser Ebene entschieden. Bei Langeweile wird also weniger abgespeichert als bei Interesse
3. Die kognitiv-sprachliche Ebene, in der unser Arbeitsgedächtnis sitzt, die Konzentration und Rationalität. Dieser Bereich ist sehr energieaufwendig, weswegen er schnell erschöpft

Diese drei Ebenen beeinflussen sich gegenseitig, allerdings hauptsächlich von unten nach oben. Das bedeutet, dass der kognitiv-sprachliche Bereich, den wir mit unseren Zahlen, Daten, Fakten erreichen möchten, von den darunter liegenden Ebenen blockiert sein kann, wenn z.b. ein Zuhörer sich nicht wohl fühlt (Ebene eins) oder sich langweilt (Ebene zwei). Eine erfolgreiche Präsentation kümmert sich also unbedingt vorrangig um die unteren beiden Ebenen, wozu auch das Storytelling eingesetzt wird (Schulenburg, 2018, S. 12–14).

Eine gute Geschichte erreicht die Zuhörer auf emotionaler Ebene. Die zu übermittelnde Botschaft wird unterbewusst aufgenommen und dadurch hinterher besser erinnert als reine Faktenvermittlung. Storytelling in einer Präsentation ist eine sehr effektive Technik, um die Zuhörer durch emotionale Ansprache vom Kauf eines Produktes, einer Dienstleistung oder anderem zu überzeugen. Durch die geweckte Begeisterung öffnet sich der Zuhörer für die „Message". Je persönlicher, origineller und überraschender die erzählte Geschichte dabei ist, umso besser wirkt sie. Bei den Zuhörern wird durch eine spannende Geschichte Dopamin ausgeschüttet, was den Erinnerungseffekt steigert. Werden mehrere

Sinne gleichzeitig angesprochen, z.B. wenn eine Geschichte erzählt und dazu Bilder gezeigt werden, werden die Informationen noch positiver bewertet und dauerhaft abgespeichert (Lemper-Pychlau, 2015, S. 200–202).

Storytelling als Technik muss also dafür sorgen, dass die eingesetzten Geschichten Emotionen erzeugen. Dazu hat Schulenburg eine fünf Schritte Strategie entwickelt, um passende Geschichten zu konstruieren. Im ersten Schritt bestimmt der Präsentator, welche der sieben Basisemotionen nach Ekman (Angst, Zorn, Überraschung, Freude, Ekel, Verachtung oder Trauer) erzeugt werden soll. Dazu kann Priming eingesetzt werden. Wenn beispielsweise eine Geschichte Freude erzeugen soll, empfiehlt sich eine Einleitung wie „Ich habe hier eine Geschichte für Sie, die hat mich zornig gemacht!". Die Geschichte sollte mit einer positiven Emotion enden. Negativ besetzte Emotionen haben eine stärkere Wirkung auf die Zuhörer, müssen aber am Ende aufgelöst werden, damit sie die Stimmung nicht verderben und Ebene zwei (s.o.) damit Ebene drei blockiert. Im zweiten Schritt wird überlegt, wie diese Emotion erzeugt werden kann, mit welchen Bildern. Diese Bilder erzeugt der Erzähler durch seine Geschichte in den Köpfen der Zuhörer, vielleicht zeigt er auch ein echtes Bild am Anfang. Gerade beim Erzeugen negativer Emotionen muss sich der Präsentator seiner Verantwortung dem Publikum gegenüber sehr bewusst sein und vorsichtig vorgehen, um niemanden emotional zu sehr aufzuwühlen. Der dritte Schritt legt die Ausgangssituation, also die Rahmenhandlung fest. Die ist wichtig, damit ein Zusammenhang entsteht und die Geschichte gut verstanden wird. Das bildet die Einleitung der Geschichte. Im vierten Schritt legt man die Szenen fest, die jeweils ein eigenes Bild entstehen lassen. Der fünfte Schritt ist das Herausarbeiten einer Pointe als Schluss-Szene, die den Lerneffekt beinhaltet und bestimmte Teile der Geschichte noch einmal herausgreift (Schulenburg, 2018, S. 271–273).

Eine gute Geschichte pointiert zu erzählen, ist eine Kunst, die nicht viele Menschen beherrschen. Schulenburg nennt sie deshalb „die Königsdisziplin des Präsentierens" und empfiehlt dieses Präsentationstechnik nur gut geübten Rednern (Schulenburg, 2018, S. 282). Als Hilfe zum Erreichen dieser Königsdisziplin hat er die PPP-Regel vorgeschlagen. Die besagt, dass jede Geschichte einen Protagonisten und eine Pointe haben und mit Power erzählt werden soll, um zu wirken. Der Erzähler kann selbst der Protagonist sein, oder ein ihm nahestehender Mensch, zu dem er eine emotionale Bindung hat. So

12

können die Zuhörer sich mitfreuen oder mitleiden, weil der Sympathiefaktor vorhanden ist. Die Pointe ist das Herzstück der Geschichte, der Grund warum sie erzählt wird. Eine gute Pointe überrascht den Zuhörer, ist oft lustig und vermittelt die Botschaft der gesamten Geschichte. Darüber muss der Zuhörer mindestens kurz nachdenken und sie in den Kontext setzen. Ganz wichtig für den Erfolg des Storytellings ist auch die Art des Vortrags. Der soll mit Power erfolgen, dynamisch, zügig, auf jeden Fall frei vorgetragen und im Präsens. Sie darf maximal fünf Szenen haben, die bildlich ausgeschmückt werden. Der Zuhörer muss ein Bild vor sich sehen. Die Emotionen, die im Publikum hervorgerufen werden sollen, lebt der Erzähler vor und mit. In Mimik und Gestik (Schulenburg, 2018, S. 277–280).

Storytelling in Präsentationen kann zur Auflockerung, als kleine Pause für die kognitiv-sprachliche Ebene des Gehirns genauso wie zur Vermittlung von wichtigen Informationen oder Botschaften verwendet werden. Die Anzahl der übermittelbaren Informationen ist beschränkt, eine Geschichte eignet sich mehr dazu, eine einzige Information nachhaltig zu verankern. Geschickt konstruiert können es auch noch eine oder zwei Informationen mehr sein. Die dritte Einsatzmöglichkeit von Storytelling in Präsentationen besteht darin, die durch die erzeugten Emotionen geöffnete Tür ins Gehirn für nachfolgende Informationen zu nutzen, da sie nach Ende der Geschichte noch einige Zeit geöffnet ist (Schulenburg, 2018, S. 274–276).

Es gibt im Großen und Ganzen drei Arten von Geschichten, die erzählt werden können. Eigene Anekdoten, die wir selbst erlebt haben, Geschichten, die jemand anderem passiert sind und die uns erzählt werden und ausgedachte, fiktive Geschichten. Letztere sind am Schwersten zu erzählen, da wir selbst damit zunächst keine Emotionen verbinden (Schott, 2019, S. 136). Vor allem die eigenen kleinen Anekdoten können dazu dienen, das Bild des Vortragenden zu verändern, sympathischer, menschlicher zu machen und letzten Endes das Vertrauen der Zuhörer in ihn zu stärken (Schott, 2019, S. 138). Das ist laut Schulenburg ein ganz wichtiger Schlüssel zum Erfolg einer Präsentation (Schulenburg, 2018, S. 26–30).

2.2 Argumentationsaufbau in Präsentationen

Umgangssprachlich vergleichen wir unser Gehirn oft mit einem Computer, doch im Grunde ist das Gegenteil der Fall. Anders als bei den von uns geschaffenen Rechnern hat unser Gehirn keine zentrale Einheit zum systematischen Lösen von Problemen, alle anfallenden Herausforderungen werden dezentral als Einzelfall bearbeitet. Sehr komplexes und nicht-lineares Denken ist bisher evolutionär für uns nicht vorgesehen. Um in der Komplexität unserer Welt zurechtzukommen, strebt unser Gehirn ständig nach Vereinfachungen und findet Muster. Ziel ist dabei immer die Zentralreduktion auf ein einziges Muster, die für uns am ökonomischsten ist. Ein Beispiel dafür ist die Reduktion auf den Kausalzusammenhang zwischen Klimaerwärmung und CO_2-Ausstoß, obwohl natürlich noch viele andere Faktoren und ihr Zusammenspiel für die Klimaerwärmung maßgeblich sind (Schoof & Binder, 2017, S. 31–34). Bewusstes Denken, also das kognitive Lösen von Aufgaben, bewältigt unser Gehirn durch die Zerlegung in Einzelschritte, die nacheinander bearbeitet werden. Auch dabei ist also Vereinfachung und Energieeinsparung das Ziel. Dementsprechend sollten wir diesen physiologischen Voraussetzungen beim Erstellen von Präsentationen Beachtung schenken, wenn wir empfängergerecht präsentieren wollen. In der Regel sind die Empfänger einer Präsentation im geschäftlichen Umfeld entweder Vorgesetzte oder Kunden, die viele Informationen zu verarbeiten haben und wenig Zeit. Da macht es Sinn, die Informationen in einer Präsentation auf das Wesentliche, also auf die Kernaussage zu reduzieren, die vor allem verständlich vermittelt wird. Zum besseren Verständnis sollte die Kernaussage am Anfang stehen, Details zur Untermauerung und Begründung folgen im späteren Verlauf der Präsentation. Der Komplexitätsgrad muss insgesamt angemessen sein, sehr komplexe Zusammenhänge sind vereinfacht darzustellen, empfängergerecht aufbereitet für die Zentralreduktion und Abgleichung mit vorhandenen individuellen Denkmustern der Empfänger (Schoof & Binder, 2017, S. 35–42).

Die ehemalige McKinsey-Beraterin Barbara Minto hatte die Idee, eine Pyramidenstruktur als Darstellungsform unserer Gedankengänge zu verwenden. Damit bringen wir eine logische Ordnung und Hierarchie in die Fülle der

14

Informationen. Wir können dabei das allgemein gültige Logikmuster nutzen, mit dem Allgemeinen zu beginnen und ins Spezielle zu verbreitern (Schulenburg, 2018, S. 203–204).

In einer pyramidalen Präsentation steht das Wichtigste, das Ergebnis, immer am Anfang. Dieses Prinzip steht dem der Trichterform entgegen, die häufig angewendet wird. In der Trichterform wird die Kernaussage im Verlauf der Präsentation hergeleitet. Das führt zunächst zu einer Ansammlung von willkürlich erscheinenden Teilaspekten, die erst am Ende Sinn ergeben. Die pyramidal angeordnete Präsentation ist vertikal und horizontal strukturiert, und damit zeitsparender und klarer (Schoof & Binder, 2017, S. 51).

Vertikal ist die pyramidale Präsentation so aufgebaut, dass die untermauernden Aussagen nach der Kernaussage folgen, und so die typische Pyramidenform entsteht. Oben in der Spitze befindet sich die Kernaussage, nach unten hin verbreiternd, im Sockel, die Begründungen und untermauernden Fakten, die alle selbst auch als Aussagen klar formuliert werden sollen. Horizontal gesehen gibt es je nach erwarteter Empfängerreaktion zwei mögliche Strukturen, die Kette oder die Gruppe. Wenn seitens der Empfänger eher Skepsis bezüglich der Kernaussage zu erwarten ist, wird mithilfe der Kettenstruktur durch drei logisch miteinander verknüpfte Teilaussagen eine zwingende Begründung für die Kernaussage hergeleitet und sie damit bestärkt. Wird seitens der Empfänger eher Zustimmung zur Kernaussage vorausgesetzt, wird diese mit parallelen Teilaussagen mit mehr Informationen untermauert. Die werden Gruppen genannt. In der komplementären Gruppe ergänzen sich die Teilaussagen zu Untermauerung, in der alternativen Gruppe werden verschiedene, einander ausschließende Möglichkeiten von weiterführenden Aktionen dargestellt, und in der dritten Gruppe wird der Prozess in einzelnen, aufeinander folgenden Teilschritten gezeigt. Wenn weiter Bedarf besteht, kann wiederum jede dieser Teilaussagen mit Gruppen oder Ketten begründet oder untermauert werden. So entsteht eine empfängergerechte Präsentation, in der die wesentlichen Inhalte am Anfang stehen und der Empfänger die für ihn interessanten, aufbereiteten Zusatzinformationen gehirngerecht leicht verarbeiten kann (Schoof & Binder, 2017, S. 52–57).

3 Aufgabe 3

3.1 Prokrastination - Theoretische Grundlagen und empirische Befunde

Das lateinische Verb „procrastinare" bedeutet in der deutschen Übersetzung zunächst wertneutral „(etwas auf morgen) vertagen, aufschieben". Diese menschliche Verhaltensweise kennen die meisten Menschen aus ihrem Alltag. Als unangenehm empfundene Tätigkeiten und Aufgaben werden verschoben und stattdessen etwas Angenehmes getan. Das kann Netflix schauen statt für die nächste Klausur zu lernen sein, die Wohnung putzen statt die dringend fällige Bachelorarbeit fertigzustellen oder mit der Freundin stundenlang telefonieren statt die Präsentation für das Meeting am nächsten Tag anzufertigen. Die wichtige Aufgabe wird nicht oder viel zu spät unter Zeitdruck fertig gestellt, der prokrastinierende Mensch ärgert sich, ist frustriert und versteht sein Verhalten selbst nicht. Es war eigentlich genug Zeit vorhanden, er hat sie nur mit unwichtigen Dingen verbracht und ist dadurch unter Druck gekommen. Was steckt hinter diesem zutiefst unlogischen Verhalten?

In der Psychologie gibt es keine allgemeinverbindliche Definition von Prokrastination. (Engberding, Höcker & Rist, 2017, S. 417). In den letzten 50 Jahren ist über das Thema viel geforscht worden. Laut Klingsieck war diese Forschung nicht koordiniert bzw. von Zusammenarbeit der Forschenden gekennzeichnet. Sie vergleicht die Forschungsarbeit zu Prokrastination mit einem verwilderten Garten, der zwar eingezäunt ist, dessen Pflanzen aber unkontrolliert überall gewachsen sind (Klingsieck, 2013, S. 25). Folgende Definitionsaspekte können in den meisten Forschungsarbeiten als Konsens gefunden werden: der Prokrastinierer empfindet Widerwillen gegen die aufgeschobene wichtige Tätigkeit, die Tätigkeit ist aversiv. Er zieht unwichtige Tätigkeiten vor, beschäftigt sich aber gedanklich die ganze Zeit mit der aufgeschobenen Tätigkeit. Dadurch kommt er in emotionalen Druck und Konflikt mit sich selbst und natürlich in Verzug gegenüber dem Auftraggeber oder zum Abgabetermin. Damit ist seine berufliche Karriere, sein Studium oder seine Gesundheit (durch den entstandenen Stress oder wenn

Vorsorgeuntersuchungen prokrastiniert werden) und sukzessive auch seine Selbstachtung in Gefahr. Die schließlich abgelieferte Leistung ist aufgrund der kürzeren Bearbeitungszeit von schlechterer Qualität als es dem Prokrastinierer eigentlich möglich gewesen wäre. Das alles geschieht, obwohl genug Zeit zur Verfügung gestanden hätte und die negativen Folgen des Prokrastinierens bekannt sind (Engberding et al., 2017, S. 417).

Prokrastination gilt als massive Störung der Selbststeuerung. Die Abgrenzung zum funktionalen, strategischen Aufschieben einer Tätigkeit sieht Klingsieck im Überwiegen der negativen Auswirkungen des Aufschiebens, wobei Prokrastination immer dysfunktional zu verstehen ist (Klingsieck, 2013, S. 25–26). Viele Studien haben gezeigt, dass Menschen, die zur Prokrastination neigen, vermehrt körperlich und psychisch erkranken. Das ist zum einen mit einem durch die Prokrastination entstehenden größeren Stressaufkommen und zum anderen durch prokrastinierte Gesundheitsfürsorge (z.B. Krebs-Früherkennung, Zahnarztkontrollen) zu erklären (Riediger, 2016, S. 384). Die Prävalenz liegt bei 15 bis 20 % der erwachsenen Gesamtbevölkerung, bei Studenten gaben rund 50% eine problematische Neigung zu Prokrastination an (Steel, P., & König, C.J., 2006, S. 899).

Um die Ursachen für das pathologische Aufschieben zu identifizieren, gehen die zahlreichen Forscher von verschiedenen Perspektiven aus vor. Die wichtigsten sind laut Klingsieck die differenzielle Psychologie, die Motivationspsychologie, die klinische Psychologie und die Untersuchung der Situationen, in denen prokrastiniert wird. Sie hat viele der mannigfaltigen empirischen Befunde in ihrem Aufsatz für die Fachzeitschrift European Psychologist 2013 nach Fachgebieten geordnet und folgenden Überblick gegeben:

In der differenziellen Psychologie gilt die Neigung zu Prokrastination als Trait, also als stabile Eigenschaft eines Menschen, die häufig mit bestimmten anderen Traits wie hohem Neurotizismus und niedriger Gewissenhaftigkeit korreliert. Weitere Korrelationen wurden zu niedrigem Selbstwertgefühl, starkem Perfektionismus und fehlendem Optimismus eines Prokrastinierers gefunden. Zusammenhänge zwischen der Höhe der Intelligenz und Prokrastination wurden bisher nicht nachgewiesen. Menschen benutzen das Aufschieben wichtiger Tätigkeiten auch, um so durch Selbstsabotage ihren Selbstwert zu schützen.

Eine Aufgabe, die nicht oder nur mit verkürztem Aufwand ausgeführt wird, macht eine echte Bewertung der Fähigkeiten unmöglich und schützt so vor dem unangenehmen Gefühl des Versagens.

Die klinische Psychologie fokussiert sich auf die negativen Folgen des Prokrastinierens und die Korrelationen mit anderen psychischen Störungen wie Depression, Angststörungen und ADHS. Dazu werden Erklärungs- und Behandlungsmodelle der Psychoanalyse, der kognitiven Verhaltenswissenschaft und der Neuropsychologie herangezogen. Prokrastination kann dabei als Teil oder als Folge einer Störung oder Psychose auftreten. Als eigenständige Störung ist Prokrastination bis jetzt weder im ICD-10 noch im DSM-5 beschrieben. Dazu fehlt eine klare und allgemeingültige Definition von Prokrastination als Psychische Störung. Klingsieck sieht die Notwendigkeit vor allem darin, dass Betroffenen schneller und effizienter geholfen werden kann und in der Entstigmatisierung dieses belastenden Verhaltens, das das soziale Umfeld allgemein als Faulheit und damit als Charakterschwäche negativ bewertet.

Der situative Ansatz geht davon aus, dass Prokrastination mehr von der Situation und der Art der prokrastinierten Tätigkeit abhängt als vom Menschen an sich. Wenn eine Aufgabe unpassend in Attraktivität, Schwierigkeitsgrad oder Glaubwürdigkeit ist oder der Aufgabensteller keine Sympathie innehat, wird eher prokrastiniert, als wenn Aufgabe und Aufgabensteller als passend eingestuft werden.

Von der motivationspsychologischen Warte aus haben verschiedene Forscher festgestellt, dass bei Prokrastination ein Versagen der Motivation oder der Volition vorliegt. Es ist zum Beispiel weniger wahrscheinlich, dass intrinsisch motivierte oder selbstbestimmte Tätigkeiten prokrastiniert werden als vorgegebene. Der Einsatz von Zeitmanagement- und Lernstrategien spielt auch eine große Rolle, ohne ihre Anwendung wird vermehrt prokrastiniert (Klingsieck, 2013, S. 26–27).

Steel und König haben im Jahr 2006 die Temporary Motivational Theory (TMT) entwickelt. Damit haben sie eine mit den wichtigsten empirischen Befunden aus Verhaltensforschung und biologischer Psychologie konforme Formel konstruiert, die das menschliche Verhalten z.B. in Gruppen, am Aktienmarkt, bei Zielsetzungen, bei der Arbeitsgestaltung und auch in Bezug zu Prokrastination voraussagbar und messbar macht. Diese Theorie wurde auf der Basis von mehreren bereits bestehenden Theorien entwickelt, u.a. der Bedürfnis-Theorie von McClelland (Steel, P., & König, C.J., 2006, S. 889). Die TMT konnte nur durch die Zusammenlegung der Erkenntnisse zur Motivationsforschung aus den verschiedenen wissenschaftlichen Disziplinen der Ökonomie und der Psychologie entwickelt werden, was laut König und Steel wegweisend für zukünftige, auf regen Austausch beruhende, raschere Fortschritte in der Forschung allgemein sein soll (Steel, P., & König, C.J., 2006, S. 907). Die TMT besagt, dass, je weiter der Termin für das Fristende (z.B. der Abgabetermin für eine Hausarbeit) in der Zukunft liegt, der Motivationsdruck, eine beabsichtigte Handlung (die Hausarbeit zu schreiben) auszuführen umso geringer ist. Je näher das Fristende rückt, umso größer wird der Motivationsdruck. Den zweiten großen Einfluss auf den Motivationsdruck hat das individuelle Empfinden von Zeitdruck in der Hinsicht. In einer vereinfachten Formel ausgedrückt, vermindert sich das Produkt aus der Erwartung von Erfolg E (Selbstwirksamkeit) und dem Wert W (Belohnung) um das Produkt aus der Belohnungsfrist BF (Termin Fristende) und der eigenen Fristsensitivität FS (wie ablenkungsempfänglich bin ich, wie empfinde ich die Länge der Frist). Der Motivationsdruck M wird also höher, je mehr Selbstwirksamkeitserwartung ich habe, je höher die Belohnung ausfällt, je weniger Zeit ich noch zur Verfügung habe und je weniger impulsiv ich mich ablenken lasse. $M = \frac{E x W}{BF x FS}$ (Riediger, 2016, S. 385–386). Die TMT lässt sich laut Steel und König konkret auf Prokrastination im nicht-klinischen Bereich anwenden, die von beiden Forschern als rein motivationales Problem betrachtet wird. Alle Variablen, die Prokrastination betreffen, werden in der TMT berücksichtigt. Steel und König beweisen das am Beispiel einer studentischen Hausarbeit, die am Anfang des Semesters bekannt gegeben wird. Für die meisten Studenten ist das Schreiben einer Hausarbeit aversiv. Kurzfristig wird eine Bearbeitung negativ mit schlechten Gefühlen belohnt. Der Abgabetermin (BF) ist am Anfang des Semesters noch zu weit entfernt, um Motivationsdruck zu erzeugen. Diverse soziale Ablenkungen (z.B. Partys) versprechen schnelle Belohnung mit guten Gefühlen. Je näher aber der Abgabetermin rückt, umso mehr Motivationsdruck (M) entsteht. Für den Bearbeitungsbeginn ist außerdem entscheidend, wie stark der Zeitdruck bis zur Abgabe empfunden wird und wie impulsiv und empfänglich für Ablenkung jemand ist (FS), wie hoch die Erwartung der einzelnen Studenten ist, der Aufgabe gewachsen zu sein (E) und für wie wichtig gute Noten erachtet werden (W). Damit wird klar, warum und wie lange prokrastiniert wird (Steel, P., & König, C.J., 2006, S. 900). Die TMT eignet sich gut als psychoedukatives Instrument, um Prokrastination allgemein zu verstehen, aber auch konkret, um individuelle Ursachen aufzuspüren und an ihnen direkt zu arbeiten (Riediger, 2016, S. 385).

Es gibt starke und weniger starke Prokrastinierer, der Leidensdruck ist dementsprechend unterschiedlich. Wie ist Veränderung möglich?

Prokrastination ist bisher überwiegend im akademischen Bereich untersucht worden, da dort die Voraussetzungen für prokrastinierendes Verhalten naturgemäß durch die selbst zu organisierende Bearbeitung langfristig vorgegebener Aufgaben vorhanden sind. Bei der Bewältigung des Lern- und Schreibpensums ist eine gut entwickelte Selbststeuerung ausschlaggebend für den Studienerfolg. Laut Rist und Engberding können die damit gewonnenen Forschungsergebnisse aber ohne Weiteres auf die Arbeitswelt übertragen werden (Rist & Engberding, 2006, S. 65–66). In Deutschland beschäftigt sich die WWU Münster, an der Rist und Engberding tätig sind, schon seit vielen Jahren mit dem Thema. In der eigens eingerichteten Prokrastinationsambulanz wird sowohl geforscht als auch akut geholfen. Betroffene Studenten können dort einen anonymen Onlinetest zur Einstufung ihrer Prokrastinationstendenz machen und auch ganz konkret kognitiv verhaltenstherapeutische Hilfe in Form von Gruppen- und Einzeltrainings, oder auch Anleitung zum Selbsttraining bekommen (Engberding et al., 2017, S. 418–421).

Eine kognitive Verhaltenstherapie schlägt auch Rozental als sinnvolles Werkzeug zur Veränderung des belastenden Prokrastinierens vor. Er hält eine idiographische Vorgehensweise für richtig, in der der Prokrastinierer individuell im Zusammenspiel seiner persönlichen Merkmale und Verhaltensweisen gesehen wird. Wenngleich auch immer alle Variablen der TMT eine Rolle spielen, so ist doch die Gewichtung und auch die jeweilige Begründung und persönliche Geschichte dahinter individuell einzigartig und dementsprechend muss auch die Therapie ausgerichtet werden (Rozental & Carlbring, 2014, S. 1494–1495).

3.2 Was können Fernstudierende tun, die an „Aufschieberitis" leiden?

Ein Fernstudium ist ein besonderer Fall von selbstorganisiertem Alltag, in dem Berufstätigkeit, Studium und oft auch ein Partner und Familie um die Zeit des Studierenden konkurrieren. Die Studierenden legen weitgehend selbst fest, wann sie den Lernstoff, die Klausuren und Hausarbeiten bearbeiten wollen. Das erfordert einen hohen Grad an Selbststeuerungsfähigkeit, Volition und Motivation (Matthes & Garczorz, 2019, S. 70). Es passiert leicht, dass die Balance zwischen den verschiedenen Handlungsfeldern in Schieflage gerät. Sobald Fernstudierende merken, dass sie im Studium nicht so gut vorankommen wie gedacht und mehrfach Aufschiebeverhalten an sich feststellen, sollten sie sich mit ihren tiefer liegenden Gründen dafür beschäftigen. Das kann allein für sich mit Internetrecherche, Selbsthilfeliteratur oder auch durch die psychosoziale Beratungsstelle der betreuenden Fernhochschule geschehen. Auf der Seite der WWU Münster kann jeder einen anonymen Online-Einstufungstest der eigenen Prokrastinationstendenz machen, dessen Ergebnis sofort sichtbar ist und weitere Schritte vorschlägt. Als Fernstudent kann man gut zunächst ausprobieren, ob man sich selbst umkonditionieren kann. Die Prokrastinationsambulanz gibt dazu eine Anleitung: Der erste Schritt zur Änderung des belastenden Verhaltens ist immer die Selbstbeobachtung, z.B. durch ein Studiertagebuch. Dann kann die zu bewältigende Studienarbeit, z.B. eine Hausarbeit, in kleine, klar definierte Arbeitsschritte aufgegliedert werden. Als nächstes legt man selbst einen Zeitpunkt fest, wann am ersten Arbeitsschritt gearbeitet wird und wie lange. Am Anfang wird dazu geraten, nicht mehr als eine Stunde einzuplanen. Diese Zeit soll auch nicht überschritten werden! Wenn das gut klappt, sollte man sich unbedingt belohnen, um die Konditionierung positiv zu bestärken. Das gute Gefühl, etwas geschafft zu haben, wird noch einmal verstärkt durch ein schönes Eis, Treffen mit Freunden o.ä. Nach und nach kann man das Arbeitspensum erhöhen. Das Aneignen von Lernstrategien und das Verbessern des eigenen Zeitmanagements ist sehr hilfreich beim Überwinden von Prokrastination, damit wird die Selbstwirksamkeit gesteigert. Zur Psychoedukation und damit zum besseren Verständnis der eigenen Beweggründe eignet sich sehr gut die TMT. Das Verstehen der Zusammenhänge hat mir persönlich als prokrastinierende Fernstudentin am meisten geholfen. Wenn man damit scheitert und nach dem

Selbstcoaching immer noch prokrastiniert, sollte man sich professionelle Hilfe holen, z.B. durch einen Bildungscoach oder spezielle Beratungsstellen. Vielleicht gibt es auch entsprechende Angebote von der Fernhochschule aus.

Wichtig: Das Vorliegen von depressiven und anderen klinischen Störungen oder einer AD(H)S- Erkrankung muss vor der Beratung von Prokrastinierern unbedingt abgeklärt und vorrangig behandelt werden. Chronisches Aufschieben ist schlecht für unser psychisches Wohlbefinden. Gefühle der Unzulänglichkeit, quälende Selbstzweifel und Hoffnungslosigkeit sind die Folgen von langanhaltender, massiver Prokrastination. Sie kann also im schlimmsten Fall zu ernsthaften psychischen Erkrankungen beitragen, allen voran zu Depressionen (Rist & Engberding, 2006, S. 68). Wenn also die Vermutung oder eigene Geschichte dahingehend zeigt: bitte sofort professionelle Hilfe in Anspruch nehmen! Die hier in der Aufgabenstellung gebrauchte, umgangssprachliche Formulierung „Aufschieberitis" legt nahe, dass es sich hier nicht-um die pathologische Form einer Störung handelt, sondern um eine Selbstregulationsssschwäche mit volitions- und motivationspsychologischen Aspekten, die viele Fernstudierende beeinträchtigt.

Literaturverzeichnis

Abulof, U. (2017). Introduction: Why We Need Maslow in the Twenty-First Century. *Society, 54*(6), 508–509. https://doi.org/10.1007/s12115-017-0198-6

Blickle, G. (2019). Berufswahl und berufliche Entwicklung. In F. W. Nerdinger, G. Blickle & N. Schaper (Hrsg.), *Arbeits- und Organisationspsychologie* (Springer-Lehrbuch, S. 209–234). Berlin, Heidelberg: Springer Berlin Heidelberg. https://doi.org/10.1007/978-3-662-56666-4_14

Engberding, M., Höcker, A. & Rist, F. (2017). Prokrastination. *Psychotherapeut, 62*(5), 417–421. https://doi.org/10.1007/s00278-017-0219-3

Graf, A. (2019a). Einleitung. In A. Graf (Hrsg.), *Selbstmanagementkompetenz in Organisationen stärken* (uniscope. Publikationen der SGO Stiftung, S. 3–8). Wiesbaden: Springer Fachmedien Wiesbaden. https://doi.org/10.1007/978-3-658-22866-8_1

Graf, A. (2019b). Selbstmanagementansätze. In A. Graf (Hrsg.), *Selbstmanagementkompetenz in Organisationen stärken* (uniscope. Publikationen der SGO Stiftung, S. 35–58). Wiesbaden: Springer Fachmedien Wiesbaden. https://doi.org/10.1007/978-3-658-22866-8_3

Hays (Statista, Hrsg.). (2019). *Was sind notwendige Kompetenzen, um die Beschäftigungsfähigkeit zu erhalten?* Zugriff am 07.10.2021. Verfügbar unter: https://de.statista.com/statistik/daten/studie/960201/umfrage/umfrage-zu-kompetenzen-zum-erhalt-der-beschaeftigungsfaehigkeit/

Klingsieck, K. B. (2013). Procrastination. *European Psychologist, 18*(1), 24–34. https://doi.org/10.1027/1016-9040/a000138

Lemper-Pychlau, M. (2015). Überzeugende Präsentationen. In M. Lemper-Pychlau (Hrsg.), *Mehr erreichen* (S. 199–203). Wiesbaden: Springer Fachmedien Wiesbaden. https://doi.org/10.1007/978-3-658-05779-4_34

Matthes, G. & Garczorz, H. (2019). Anwendungsfeld Hochschule. In G. Matthes & H. Garczorz (Hrsg.), *Bildungscoaching* (S. 65–91). Wiesbaden: Springer Fachmedien Wiesbaden. https://doi.org/10.1007/978-3-658-23918-3_4

Meyer, K. (2021). Stress- und Selbstmanagement als Schlüsselkompetenzen für eine nachhaltige Balance in der VUCA-Welt. In K. Meyer (Hrsg.), *Multimodales*

Stressmanagement (essentials, S. 37–44). Wiesbaden: Springer Fachmedien Wiesbaden. https://doi.org/10.1007/978-3-658-34827-4_5

Meyer, M., Wiegand, S. & Schenkel, A. (2020). Krankheitsbedingte Fehlzeiten in der deutschen Wirtschaft im Jahr 2019. In B. Badura, A. Ducki, H. Schröder, J. Klose & M. Meyer (Hrsg.), *Fehlzeiten-Report 2020* (S. 365–444). Berlin, Heidelberg: Springer Berlin Heidelberg. https://doi.org/10.1007/978-3-662-61524-9_23

Myers, D. G. & Hoppe-Graff, S. (2014). *Psychologie* (Springer-Lehrbuch, 3., vollst. überarb. und erw. Aufl.). Berlin: Springer.

Preußners, D. (2021). Sicheres Auftreten in Präsentationen. In D. Preußners (Hrsg.), *Sicher auftreten im Technischen Vertrieb* (Edition Sales Excellence, S. 73–83). Wiesbaden: Springer Fachmedien Wiesbaden. https://doi.org/10.1007/978-3-658-33092-7_9

Riediger, M. (2016). Prokrastination als Coaching-Anliegen. *Organisationsberatung, Supervision, Coaching, 23*(4), 381–390. https://doi.org/10.1007/s11613-016-0479-8

Rist, F. & Engberding, M. (2006). "Aber morgen fange ich richtig an". Prokrastination als Arbeitsstörung. *Personalführung*, (6), 64–78.

Roth, G. (2021). *Bildung braucht Persönlichkeit. Wie Lernen gelingt* (Vollständig überarbeitete Auflage). Stuttgart: Klett-Cotta.

Rozental, A. & Carlbring, P. (2014). Understanding and Treating Procrastination: A Review of a Common Self-Regulatory Failure. *Psychology, 05*(13), 1488–1502. https://doi.org/10.4236/psych.2014.513160

Saborowski, Y. & Muellerbuchhof, R. (2010). Selbstmanagement-Training als Methode der Kompetenzentwicklung bei Berufseinsteigern–am Beispiel von Auszubildenden technischer Fachrichtungen. *Zeitschrift für Arbeits- und Organisationspsychologie A&O, 54*(2), 83–91. https://doi.org/10.1026/0932-4089/a000013

Schach, A. (Hrsg.). (2017). *Storytelling. Geschichten in Text, Bild und Film*. Wiesbaden: Springer Gabler. Verfügbar unter: http://www.springer.com

Schaper, N. (2019a). Selbstverständnis, Gegenstände und Aufgaben der Arbeits- und Organisationspsychologie. In F. W. Nerdinger, G. Blickle & N. Schaper (Hrsg.), *Arbeits- und Organisationspsychologie* (Springer-Lehrbuch, S. 3–18). Berlin, Heidelberg: Springer Berlin Heidelberg. https://doi.org/10.1007/978-3-662-56666-4_1

Schaper, N. (2019b). Wirkungen der Arbeit. In F. W. Nerdinger, G. Blickle & N. Schaper (Hrsg.), *Arbeits- und Organisationspsychologie* (Springer-Lehrbuch, S. 573–600). Berlin, Heidelberg: Springer Berlin Heidelberg. https://doi.org/10.1007/978-3-662-56666-4_28

Schoof, A. & Binder, K. (2017). *Auf den Punkt: Präsentationen pyramidal strukturieren.* Wiesbaden: Springer Fachmedien Wiesbaden. https://doi.org/10.1007/978-3-658-17490-3

Schott, D. U. (2019). *Souverän präsentieren - Die erste Botschaft bist Du. Wie Sie Körpersprache authentisch und wirkungsvoll einsetzen.* Wiesbaden, Heidelberg: Springer Gabler. Verfügbar unter: http://www.springer.com/

Schulenburg, N. (2018). *Exzellent präsentieren. Die Psychologie erfolgreicher Ideenvermittlung – Werkzeuge und Techniken für herausragende Präsentationen.* Wiesbaden, Heidelberg: Springer Gabler. Verfügbar unter: http://www.springer.com/

Steel, P., & König, C.J. (2006). Integrating theories of motivation. *Academy of Management Review, (31),* 889–913.

Storch, J. (2018). Das Zürcher Ressourcen Modell im Change-Management. *Organisationsberatung, Supervision, Coaching, 25*(2), 191–201. https://doi.org/10.1007/s11613-018-0549-1